The Silence of the Tiber And Other Bilingual Italian-English Stories for Italian Language Learners

Pomme Bilingual

Published by Pomme Bilingual, 2024.

THE SILENCE OF THE TIBER AND OTHER BILINGUAL ITALIAN-ENGLISH STORIES FOR ITALIAN LANGUAGE LEARNERS

First edition. August 14, 2024.

Copyright © 2024 Pomme Bilingual.

ISBN: 979-8224303359

Written by Pomme Bilingual.

Table of Contents

L'Ultimo Giorno d'Estate

Era l'ultimo giorno d'estate e il sole era pronto a tuffarsi oltre l'orizzonte. Il caldo dell'afosa stagione aveva finalmente cominciato a scemare, ma il tempo era ancora intenso e opprimente. In un piccolo paese di collina, dove il tempo sembrava muoversi lentamente e le giornate si intrecciavano l'una con l'altra, le persone si preparavano per l'arrivo dell'autunno.

Mario, un uomo di mezza età con i capelli brizzolati e le mani callose, si era svegliato presto quella mattina. La luce del sole filtrava attraverso le persiane malandate della sua camera da letto, disegnando linee dorate sul pavimento di legno. Mario era un contadino, come suo padre e il padre di suo padre. La terra era il suo bene più prezioso, e ogni anno era una lotta con il cielo e con le stagioni.

Quel giorno, però, non era solo una giornata qualsiasi. Era il giorno in cui Mario aveva deciso di fare qualcosa di diverso. Aveva lavorato duramente per tutto l'anno, e ora era giunto il momento di prendere un po' di tempo per sé. La sua mente era turbata dai pensieri di tutto il lavoro che aveva ancora davanti, ma aveva deciso di non farsi sopraffare. Era il momento di trovare un po' di felicità, anche se solo per un giorno.

Mario si diresse verso la piccola piazza del paese, dove si teneva il mercato settimanale. Le bancarelle erano ricoperte di frutta e verdura fresca, e l'aria era pervasa dal profumo di pane appena sfornato e formaggi stagionati. Si fermò davanti alla bancarella di un vecchio amico, Giovanni, che vendeva vini e salumi. Giovanni lo salutò con un sorriso caloroso.

"Mario, amico mio! È passato un po' di tempo," disse Giovanni, offrendogli un bicchiere di vino rosso.

Mario accettò il bicchiere e si sedette su una panchina di legno, godendosi il vino e la vista del mercato che pulsava di vita. Si sentiva un po' fuori posto, come se avesse preso un pezzo di tempo rubato alla sua routine, ma allo stesso tempo era anche grato per quel momento di pausa.

Mentre sorseggiava il vino, Mario notò una giovane coppia che passeggiava mano nella mano. Erano giovani e innamorati, e sembravano essere l'incarnazione della spensieratezza. I loro sorrisi erano luminosi e i loro occhi brillavano di una felicità genuina. Mario si rese conto che, nonostante il suo lavoro duro e le preoccupazioni quotidiane, non aveva mai veramente sperimentato una felicità così pura.

Decise di avvicinarsi a loro. "Scusate, giovani," disse Mario, "ma posso chiedervi come trovate la felicità in una giornata come questa?"

La coppia lo guardò con curiosità e il ragazzo rispose con un sorriso sincero: "La felicità è qui, in questi momenti semplici. Non è qualcosa che si trova cercando di ottenere sempre di più, ma riconoscendo e apprezzando ciò che abbiamo ora."

Mario rifletté su queste parole. Era vero. La felicità non era qualcosa che si poteva accumulare come una riserva di beni materiali, ma era una sensazione che si trovava nei piccoli momenti di vita quotidiana. Decise di prendersi un po' di tempo per se stesso e di non lasciarsi sopraffare dalle preoccupazioni.

Nel pomeriggio, Mario tornò alla sua casa e si sedette sotto l'ombra di un grande albero di olivo. Aveva preparato una semplice cena con gli ingredienti freschi comprati al mercato e, mentre mangiava, si rese conto che quella semplicità era proprio ciò che gli mancava. Il cibo era delizioso, ma era la compagnia della propria anima e la pace interiore che lo rendevano felice.

Mentre il sole cominciava a calare, Mario guardò il cielo tingersi di colori dorati e arancioni. Era un quadro meraviglioso, e lui si sentì grato di poter assistere a un altro giorno che stava finendo. Non era una giornata eccezionale, ma era stata una giornata di pace e riflessione.

Con il buio che cominciava a calare, Mario tornò dentro casa e si sedette davanti al fuoco del camino. Non aveva grandi progetti per il giorno successivo, ma era in pace con se stesso. Aveva capito che la felicità non era un luogo lontano da raggiungere, ma era qualcosa che si poteva trovare nei piccoli momenti di ogni giorno.

E così, mentre il crepitio del fuoco riempiva la stanza e le ombre danzavano sulle pareti, Mario si addormentò con un sorriso tranquillo, sapendo che aveva trovato qualcosa di prezioso: un momento di felicità autentica.

The Last Day of Summer

It was the last day of summer, and the sun was ready to dive beyond the horizon. The heat of the sweltering season had finally begun to wane, but the weather was still intense and oppressive. In a small hillside village, where time seemed to move slowly and days wove into one another, people were preparing for the arrival of autumn.

Mario, a middle-aged man with graying hair and calloused hands, had woken up early that morning. The sunlight filtered through the shabby blinds of his bedroom, casting golden lines on the wooden floor. Mario was a farmer, like his father and his father's father. The land was his most precious asset, and every year it was a struggle with the sky and the seasons.

That day, however, was not just any day. It was the day Mario had decided to do something different. He had worked hard all year, and now it was time to take a little time for himself. His mind was troubled by thoughts of all the work still ahead, but he had decided not to let it overwhelm him. It was time to find some happiness, even if only for a day.

Mario headed to the small town square where the weekly market was held. The stalls were covered with fresh fruits and vegetables, and the air was filled with the aroma of freshly baked bread and aged cheeses. He stopped in front of a stall run by an old friend, Giovanni, who sold wines and cured meats. Giovanni greeted him with a warm smile.

"Mario, my friend! It's been a while," said Giovanni, offering him a glass of red wine.

Mario accepted the glass and sat on a wooden bench, enjoying the wine and the view of the bustling market. He felt a bit out of place, as if he had stolen a piece of time from his routine, but at the same time, he was grateful for that moment of pause.

As he sipped the wine, Mario noticed a young couple walking hand in hand. They were young and in love, and they seemed to embody carefree joy. Their smiles were bright and their eyes sparkled with genuine happiness. Mario realized that, despite his hard work and daily concerns, he had never truly experienced such pure happiness.

He decided to approach them. "Excuse me, young ones," Mario said, "but can I ask you how you find happiness on a day like this?"

The couple looked at him with curiosity, and the young man replied with a sincere smile: "Happiness is here, in these simple moments. It's not something you find by trying to get more and more, but by recognizing and appreciating what we have now."

Mario reflected on these words. It was true. Happiness wasn't something that could be accumulated like a reserve of material goods, but it was a feeling found in the small moments of daily life. He decided to take some time for himself and not let himself be overwhelmed by worries.

In the afternoon, Mario returned to his home and sat in the shade of a large olive tree. He had prepared a simple dinner with the fresh ingredients bought at the market, and as he ate, he realized that this simplicity was exactly what he had been missing. The food was delicious, but it was the company of his own soul and the inner peace that made him happy.

As the sun began to set, Mario watched the sky turn golden and orange. It was a beautiful scene, and he felt grateful to witness another day coming to an end. It wasn't an exceptional day, but it had been a day of peace and reflection.

With darkness beginning to fall, Mario went back inside and sat in front of the fireplace. He had no big plans for the next day, but he was at peace with himself. He had understood that happiness was not a distant place to reach, but something that could be found in the small moments of each day.

And so, as the crackle of the fire filled the room and shadows danced on the walls, Mario fell asleep with a serene smile, knowing he had found something precious: a moment of authentic happiness.

Il Viaggio di Matteo

Il vento soffiava leggero tra le colline di Montalcino, e l'aria fresca dell'autunno aveva sostituito il caldo estivo. Matteo, un uomo di sessant'anni con i capelli ormai completamente bianchi e il viso solcato dalle rughe del tempo, si preparava per un viaggio che aveva atteso per tutta la vita. Era stato un contadino per la maggior parte della sua esistenza, lavorando duramente la terra che suo padre gli aveva passato. Ma ora, dopo una vita di sacrifici e rinunce, Matteo aveva deciso di concedersi un'avventura.

Aveva venduto il suo piccolo podere e messo da parte abbastanza denaro per un viaggio che lo avrebbe portato lungo le coste della Sicilia. Era un viaggio che aveva sognato fin da giovane, ma che era stato sempre rimandato per motivi pratici. Ora, finalmente, aveva trovato il coraggio di partire.

La partenza fu all'alba. Matteo lasciò la sua casa, che era stata per anni il suo rifugio e la sua prigione, e si diresse verso la stazione dei treni. Il cielo era di un azzurro limpido, e il sole stava appena cominciando a illuminare il paesaggio. Ogni passo che faceva sembrava leggero e pieno di speranza.

Il treno per Roma era un treno veloce, e Matteo guardava fuori dal finestrino, osservando il paesaggio cambiare mentre il convoglio attraversava la campagna toscana. I filari di cipressi e i campi di grano lasciavano il posto a città più grandi e più movimentate. Matteo sentiva un misto di eccitazione e nervosismo. Era la prima volta che viaggiava così lontano dalla sua terra natale.

Arrivato a Roma, Matteo cambiò treno per raggiungere Napoli. La città era vivace e caotica, e l'energia del posto era contagiosa. Matteo si perse tra le strade strette e affollate, cercando di orientarsi e di trovare la stazione dei traghetti. Finalmente, dopo un paio d'ore, riuscì a imbarcarsi su un traghetto diretto a Palermo.

Il viaggio in traghetto fu lungo e lento, e Matteo passò il tempo guardando il mare. Il mare era vasto e blu, e le onde si infrangevano contro lo scafo con un suono ritmico e rassicurante. Matteo pensava alla sua vita, a tutto il lavoro che aveva fatto e a quanto fosse stato semplice, ma anche difficile. Ogni onda che passava sembrava portarlo più vicino a una nuova fase della sua esistenza.

Quando finalmente arrivò a Palermo, Matteo fu accolto da una calda brezza marina e da un aroma di agrumi e spezie. La città era un mosaico di colori e suoni, e Matteo si sentiva sopraffatto dalla sua vivacità. Si sistemò in una piccola pensione nel centro storico e si avventurò per le strade, cercando di assorbire l'essenza del luogo.

Passarono i giorni e Matteo esplorò ogni angolo di Palermo. Visitò il mercato di Ballarò, dove il chiacchiericcio dei venditori e il profumo di cibi locali creavano un'atmosfera vibrante. Assaporò i cannoli, i arancini e le granite, e ogni boccone era una scoperta di nuovi sapori.

Un giorno, mentre passeggiava lungo il lungomare, Matteo incontrò un vecchio pescatore di nome Salvatore. Salvatore era seduto su una panchina, lanciando uno sguardo al mare mentre preparava le sue reti. Matteo si avvicinò e si sedette accanto a lui, curioso di scoprire la vita di un uomo che aveva trascorso tutta la sua vita in mare.

"Come va, signor Salvatore?" chiese Matteo.

Salvatore alzò lo sguardo e sorrise. "Bene, grazie. Il mare è sempre generoso, se sai come trattarlo."

Matteo annuì. "Ho passato tutta la vita a lavorare la terra. Questo viaggio è il mio modo di scoprire qualcosa di nuovo."

Salvatore guardò Matteo con interesse. "E cosa hai scoperto fino ad ora?"

"Ho scoperto che il mare è vasto e misterioso, ma anche che ogni angolo di questa città ha una storia da raccontare," rispose Matteo. "Ho imparato che la vita può essere semplice, ma anche sorprendentemente complessa."

Salvatore sorrise di nuovo e guardò il mare. "La vita è una lunga serie di scelte, mio amico. Ogni scelta che fai ti porta a una nuova scoperta, a un nuovo capitolo."

Matteo pensò a queste parole mentre si incamminava di nuovo. Ogni giorno sembrava portargli nuove prospettive e nuovi insegnamenti. Si sentiva più leggero, come se avesse abbandonato parte del peso della sua vita passata.

Il tempo passò rapidamente, e Matteo decise di proseguire il suo viaggio verso il sud dell'isola. Si avventurò lungo la costa, visitando piccoli villaggi e città costiere. Ogni luogo aveva il suo carattere unico e Matteo era affascinato dalla diversità dei paesaggi e delle culture.

In un piccolo villaggio di pescatori, Matteo trovò un vecchio faro abbandonato. Era un edificio solitario, ma maestoso, che si ergeva sopra le scogliere, guardando il mare infinito. Matteo decise di esplorare il faro e, mentre saliva le scale scricchiolanti, sentiva una connessione profonda con quel luogo. Era come se il faro avesse visto tutto, e Matteo si sentiva parte di una storia più grande.

Arrivato in cima, Matteo guardò l'orizzonte e vide il sole calare nel mare. I colori del cielo cambiavano da oro a rosso, e il mare rifletteva la luce con una brillantezza quasi mistica. Matteo sentì una pace interiore che non aveva mai provato prima. Era un momento di pura felicità, lontano dalle preoccupazioni quotidiane e dalle aspettative della vita.

Mentre scendeva dal faro, Matteo incontrò una giovane donna di nome Lucia che stava passeggiando lungo la riva. Lucia era una pittrice che trovava ispirazione nella bellezza del mare e dei paesaggi siciliani. Matteo e Lucia iniziarono a parlare e presto scoprirono di avere molto in comune. Entrambi avevano una passione per le cose semplici della vita e una curiosità per il mondo.

Lucia invitò Matteo a visitare il suo studio e, mentre osservava le sue opere d'arte, Matteo si rese conto di quanto fosse importante cogliere la bellezza nei dettagli della vita quotidiana. La pittura di Lucia era piena di colori vivaci e scene di vita locale, e ogni quadro raccontava una storia. Matteo sentiva che la sua vita aveva preso un nuovo significato grazie a quell'incontro.

Quando arrivò il momento di partire, Matteo si sentì grato per il viaggio che aveva intrapreso. Non era stato un viaggio epico o avventuroso come quelli che si leggono nei romanzi, ma era stato un viaggio di scoperta interiore. Aveva imparato che la felicità non si trova solo nei grandi eventi della vita, ma anche nei piccoli momenti di pace e bellezza.

Con il cuore colmo di gratitudine, Matteo tornò a Palermo e poi a Roma, per prendere il treno verso casa. Mentre il treno attraversava la campagna italiana, Matteo guardava fuori dal finestrino con una nuova prospettiva. Le colline, i campi e i villaggi avevano ora un significato diverso per lui. Erano i luoghi che avevano contribuito a formare la sua vita, e ora li vedeva con occhi nuovi.

Quando Matteo tornò a Montalcino, trovò la sua terra accogliente come sempre. Riprese la sua vita di contadino, ma con un senso di soddisfazione e serenità che non aveva mai conosciuto prima. Sapeva che ogni giorno era una nuova opportunità per scoprire e apprezzare la bellezza della vita.

Matteo aveva viaggiato lontano e aveva visto molte cose, ma aveva trovato la vera gioia nel riconoscere e apprezzare ciò che aveva sempre avuto. Ogni tramonto, ogni giornata di lavoro nei campi, e ogni incontro con le persone del suo villaggio erano diventati esperienze preziose. La felicità era qualcosa che portava dentro di sé e che si manifestava nei piccoli dettagli della sua vita quotidiana.

E così, Matteo continuò a vivere con un cuore grato e una mente serena, sapendo che il vero viaggio era stato quello dentro di sé. La sua avventura in Sicilia aveva arricchito la sua anima, e ora era pronto ad affrontare ogni giorno con una nuova prospettiva, apprezzando ogni momento come un dono prezioso.

Matteo's Journey

The wind blew gently across the hills of Montalcino, and the crisp autumn air had replaced the summer heat. Matteo, a sixty-year-old man with completely white hair and a face marked by the lines of time, was preparing for a journey he had awaited his entire life. He had been a farmer for most of his existence, working the land that his father had passed down to him. But now, after a life of sacrifices and renunciations, Matteo had decided to give himself an adventure.

He had sold his small farm and saved enough money for a trip that would take him along the coasts of Sicily. It was a journey he had dreamed of since he was young, but had always been postponed for practical reasons. Now, finally, he had found the courage to leave.

Departure was at dawn. Matteo left his house, which had been both his refuge and his prison for years, and headed towards the train station. The sky was a clear blue, and the sun was just beginning to illuminate the landscape. Each step he took felt light and full of hope.

The train to Rome was a fast one, and Matteo looked out the window, watching the landscape change as the train passed through the Tuscan countryside. The rows of cypress trees and wheat fields gave way to larger, busier cities. Matteo felt a mix of excitement and nervousness. It was the first time he had traveled so far from his homeland.

Arriving in Rome, Matteo changed trains to reach Naples. The city was vibrant and chaotic, and the energy of the place was contagious. Matteo wandered through the narrow, crowded streets, trying to orient himself and find the ferry terminal. Finally, after a couple of hours, he managed to board a ferry to Palermo.

The ferry ride was long and slow, and Matteo spent his time gazing at the sea. The sea was vast and blue, and the waves crashed against the hull with a rhythmic, reassuring sound. Matteo thought about his life, all the work he had done, and how simple yet challenging it had been. Each passing wave seemed to bring him closer to a new phase of his existence.

When he finally arrived in Palermo, Matteo was greeted by a warm sea breeze and the scent of citrus and spices. The city was a mosaic of colors and sounds, and Matteo felt overwhelmed by its vibrancy. He settled into a small guesthouse in the historic center and ventured out to explore the streets, trying to absorb the essence of the place.

Days passed, and Matteo explored every corner of Palermo. He visited the Ballarò market, where the chatter of vendors and the aroma of local foods created a vibrant atmosphere. He tasted cannoli, arancini, and granita, and each bite was a discovery of new flavors.

One day, while strolling along the waterfront, Matteo met an old fisherman named Salvatore. Salvatore was sitting on a bench, casting a glance at the sea as he prepared his nets. Matteo approached and sat beside him, curious to learn about the life of a man who had spent his entire life at sea.

"How's it going, Mr. Salvatore?" asked Matteo.

Salvatore looked up and smiled. "Well, thank you. The sea is always generous if you know how to treat it."

Matteo nodded. "I've spent my whole life working the land. This trip is my way of discovering something new."

Salvatore looked at Matteo with interest. "And what have you discovered so far?"

"I've discovered that the sea is vast and mysterious, but also that every corner of this city has a story to tell," Matteo replied. "I've learned that life can be simple, but also surprisingly complex."

Salvatore smiled again and looked at the sea. "Life is a long series of choices, my friend. Every choice you make leads you to a new discovery, a new chapter."

Matteo thought about these words as he walked away. Each day seemed to bring him new perspectives and lessons. He felt lighter, as if he had shed part of the weight of his past life.

Time passed quickly, and Matteo decided to continue his journey south. He ventured along the coast, visiting small fishing villages and coastal towns. Each place had its unique character, and Matteo was captivated by the diversity of landscapes and cultures.

In a small fishing village, Matteo found an old, abandoned lighthouse. It was a solitary but majestic building standing above the cliffs, watching over the endless sea. Matteo decided to explore the lighthouse, and as he climbed the creaking stairs, he felt a deep connection to the place. It was as if the lighthouse had seen everything, and Matteo felt part of a larger story.

Reaching the top, Matteo looked out at the horizon and saw the sun setting into the sea. The colors of the sky changed from gold to red, and the sea reflected the light with a nearly mystical brilliance. Matteo felt an inner peace he had never experienced before. It was a moment of pure happiness, far from daily worries and life's expectations.

As he descended from the lighthouse, Matteo met a young woman named Lucia who was walking along the shore. Lucia was a painter who found inspiration in the beauty of the sea and Sicilian landscapes. Matteo and Lucia began to talk and soon discovered they had much in common. Both had a passion for life's simple things and a curiosity about the world.

Lucia invited Matteo to visit her studio, and as he observed her artwork, Matteo realized how important it was to capture beauty in the details of daily life. Lucia's paintings were full of vibrant colors and local scenes, and each painting told a story. Matteo felt that his life had taken on new meaning thanks to that encounter.

When it was time to leave, Matteo felt grateful for the journey he had undertaken. It had not been an epic or adventurous journey like those in novels, but it had been a journey of inner discovery.

He had learned that happiness is not only found in the great events of life but also in the small moments of peace and beauty.

With a heart full of gratitude, Matteo returned to Palermo and then to Rome, to catch the train back home. As the train crossed the Italian countryside, Matteo looked out the window with a new perspective. The hills, fields, and villages now held a different meaning for him. They were the places that had helped shape his life, and now he saw them with new eyes.

When Matteo returned to Montalcino, he found his land as welcoming as always. He resumed his life as a farmer, but with a sense of satisfaction and serenity he had never known before. He knew that each day was a new opportunity to discover and appreciate the beauty of life.

Matteo had traveled far and seen many things, but he had found true joy in recognizing and appreciating what he had always had. Each sunset, each day working in the fields, and each encounter with people in his village had become precious experiences. Happiness was something he carried within himself and that manifested in the small details of his daily life.

And so, Matteo continued to live with a grateful heart and a serene mind, knowing that the real journey had been the one within himself. His adventure in Sicily had enriched his soul, and now he was ready to face each day with a new perspective, appreciating every moment as a precious gift.

Il Tempo del Mare

Il sole era già basso sull'orizzonte, e la luce dorata del pomeriggio illuminava le onde del mare con un'intensità quasi magica. Andrea, un uomo di sessant'anni con capelli grigi e un viso segnato dal vento e dalla salsedine, stava seduto su una roccia, guardando il mare. La sua barca, ancorata non lontano, ondeggiava leggermente, sospesa tra l'acqua e il cielo. Era un pescatore di professione e un uomo di mare per vocazione, ma quel giorno era diverso.

Aveva passato tutta la vita a navigare le acque del Mediterraneo, a combattere con il mare e a rispettarne le regole non scritte. Ora, dopo decenni di fatica e di sfide, Andrea aveva deciso di prendersi una pausa. Non una pausa qualsiasi, ma un ritorno alle radici, un viaggio che avrebbe dovuto aiutarlo a ritrovare un pezzo di sé stesso che sentiva di aver perso nel tempo.

La decisione di partire era stata difficile. La barca, la casa e la vita di tutti i giorni lo chiamavano indietro, ma Andrea sentiva il bisogno di una riflessione più profonda, un desiderio di connettersi con qualcosa che andava oltre le routine quotidiane. Il mare era la sua vita, e ora doveva confrontarsi con esso in un modo diverso, più intimo.

Il giorno della partenza, Andrea salpò all'alba. Il cielo era di un azzurro limpido e il mare calmo, come se fosse pronto ad accogliere il suo viaggio. Mentre la barca si allontanava dalla riva, Andrea si voltò per un'ultima occhiata al piccolo villaggio di pescatori dove era nato e cresciuto. Le case bianche e le strade strette sembravano lontane e piccole, mentre il mare si apriva davanti a lui con un'infinita promessa di avventura e scoperta.

Navigò per ore, il vento soffiava dolcemente e le onde erano gentili. Andrea non aveva una meta precisa, solo un desiderio di perdersi nel vasto abbraccio del mare. Ogni volta che sollevava lo sguardo, il mare si estendeva all'infinito, e la linea dell'orizzonte sembrava dissolversi in un abbraccio senza fine tra acqua e cielo.

Quando il sole cominciò a calare, Andrea ancorò la barca vicino a un'isola disabitata che aveva scorto nella distanza. Era un luogo che non aveva mai visto prima, ma qualcosa lo attirava. Scese dalla barca e camminò lungo la riva, sentendo la sabbia fredda sotto i piedi. L'isola era silenziosa e tranquilla, e l'unico suono era il fruscio delle onde che lambivano la spiaggia.

Andrea trovò un angolo appartato e si sedette a contemplare il panorama. Mentre il sole scendeva lentamente verso l'orizzonte, il cielo si colorava di sfumature rosa e arancioni, e il mare si trasformava in una distesa di riflessi scintillanti. Era un momento di bellezza pura, e Andrea si sentì sopraffatto da una sensazione di pace e gratitudine.

La notte arrivò e Andrea accese un piccolo fuoco sulla spiaggia. Mentre il fuoco crepitava e il cielo si riempiva di stelle, Andrea rifletteva sulla sua vita. Aveva sempre lavorato duramente, ma spesso si era trovato a domandarsi se avesse davvero vissuto. Aveva sacrificato molto per il suo lavoro e per la famiglia, ma ora, in quel momento di solitudine e bellezza, si chiedeva se avesse mai preso il tempo per apprezzare le piccole gioie della vita.

Il giorno seguente, Andrea esplorò l'isola. Scoprì che era ricoperta di vegetazione lussureggiante e aveva una piccola sorgente d'acqua fresca. Camminò lungo i sentieri, osservando la flora e la fauna locali, e sentì una connessione profonda con quel luogo incontaminato. Era come se l'isola fosse un riflesso della sua anima, un posto dove poteva ritrovare una parte di sé stesso che aveva dimenticato.

Mentre esplorava, Andrea incontrò un uomo solitario che viveva sull'isola. L'uomo, di nome Pietro, era un ex pescatore che aveva deciso di ritirarsi dalla vita frenetica e vivere in isolamento. Pietro era un uomo anziano con una barba bianca e occhi profondi, e accettò di buon grado la compagnia di Andrea. I due si sedettero insieme attorno al fuoco e parlarono a lungo delle loro vite.

"Ho passato la mia vita a pescare, come te," disse Pietro. "Ma ho trovato che la solitudine e la pace dell'isola mi hanno dato una prospettiva diversa."

Andrea ascoltava attentamente. "Cosa hai imparato vivendo qui da solo?"

Pietro guardò il fuoco e poi Andrea. "Ho imparato che la vera pace non è data dal lavoro o dai beni materiali, ma dalla connessione con se stessi e con il mondo naturale. La vita è semplice qui, e in questa semplicità ho trovato una forma di felicità che non avevo mai conosciuto prima."

Le parole di Pietro risuonavano con Andrea. Era una lezione che stava imparando anche lui. La semplicità della vita sull'isola, la tranquillità e la connessione con la natura erano cose che non aveva mai veramente apprezzato durante la sua vita frenetica. Il tempo passato con Pietro fu illuminante, e Andrea cominciò a riflettere sul significato più profondo della sua esistenza.

Nei giorni seguenti, Andrea trascorse il tempo con Pietro, imparando a conoscere meglio l'isola e a comprendere la bellezza della vita semplice. Andavano a pescare insieme, esploravano la vegetazione e condividevano storie delle loro vite. Andrea trovava in Pietro una saggezza e una serenità che non aveva mai conosciuto prima, e la sua presenza lo aiutava a riflettere su ciò che era veramente importante.

Un giorno, mentre erano seduti sulla riva a guardare il tramonto, Andrea parlò a Pietro dei suoi sogni e delle sue paure. "Ho passato tutta la vita a lavorare, ma ora che mi fermo e guardo indietro, mi chiedo se ho veramente vissuto."

Pietro lo ascoltò attentamente e poi rispose: "La vita è fatta di scelte e di momenti. Ogni scelta che facciamo ci porta a un diverso capitolo della nostra storia. Non è mai troppo tardi per cambiare direzione e trovare una nuova strada."

Andrea rifletté su queste parole. Sentiva che il viaggio sull'isola era stato un punto di svolta nella sua vita. Aveva trovato una pace interiore e una connessione con il mondo che non aveva mai conosciuto prima. Decise che era arrivato il momento di fare delle scelte diverse, di dedicare più tempo a ciò che gli era veramente caro.

Con il cuore colmo di gratitudine e una nuova consapevolezza, Andrea salutò Pietro e tornò alla sua barca. Il viaggio di ritorno fu sereno, e il mare sembrava accogliere Andrea con una gentilezza che non aveva mai notato prima. Mentre la barca navigava verso casa, Andrea guardava il mare con occhi nuovi, apprezzando ogni onda e ogni riflesso di luce.

Al suo ritorno al villaggio, Andrea si sentiva rinnovato. La vita era ancora la stessa, ma lui era cambiato. Aveva trovato una nuova prospettiva e una nuova serenità che gli permetteva di apprezzare le piccole gioie della vita quotidiana. La pesca non era più solo un lavoro, ma un modo per connettersi con il mare e con se stesso.

Ogni giorno, Andrea si svegliava con una rinnovata gratitudine per la vita che conduceva. Aveva imparato che la felicità non si trova solo nei grandi eventi, ma anche nei momenti di semplicità e bellezza che si trovano nella vita quotidiana. Il tempo passato sull'isola era stato un dono prezioso, e Andrea lo portava con sé in ogni giorno che viveva.

E così, Andrea continuò a vivere con un cuore grato e una mente serena, sapendo che il tempo del mare aveva portato una nuova luce nella sua vita. Ogni giorno era un'opportunità per scoprire e apprezzare la bellezza che lo circondava, e ogni tramonto, ogni onda, e ogni momento di pace diventavano una celebrazione della vita stessa.

The Time of the Sea

The sun was already low on the horizon, and the golden afternoon light illuminated the sea waves with an almost magical intensity. Andrea, a sixty-year-old man with gray hair and a face marked by the wind and salt, sat on a rock, gazing out at the sea. His boat, anchored not far away, rocked slightly, suspended between the water and the sky. He was a fisherman by trade and a man of the sea by calling, but this day was different.

He had spent his whole life navigating the waters of the Mediterranean, battling the sea and respecting its unwritten rules. Now, after decades of toil and challenges, Andrea had decided to take a break. Not just any break, but a return to his roots, a journey that was meant to help him reconnect with a piece of himself he felt he had lost over time.

The decision to leave had been difficult. The boat, the house, and everyday life called him back, but Andrea felt the need for a deeper reflection, a desire to connect with something beyond daily routines. The sea was his life, and now he had to confront it in a different, more intimate way.

On the day of departure, Andrea set sail at dawn. The sky was a clear blue, and the sea was calm, as if ready to embrace his journey. As the boat drifted away from the shore, Andrea looked back for one last glance at the small fishing village where he had been born and raised. The white houses and narrow streets seemed distant and small, while the sea opened before him with an endless promise of adventure and discovery.

He sailed for hours, the wind blowing gently and the waves being kind. Andrea had no specific destination, only a desire to lose himself in the vast embrace of the sea. Each time he looked up, the sea stretched out infinitely, and the horizon line seemed to dissolve in an endless embrace between water and sky.

As the sun began to set, Andrea anchored the boat near an uninhabited island he had spotted in the distance. It was a place he had never seen before, but something drew him to it. He disembarked and walked along the shore, feeling the cold sand beneath his feet. The island was silent and tranquil, and the only sound was the whisper of the waves caressing the beach.

Andrea found a secluded spot and sat down to contemplate the view. As the sun slowly descended towards the horizon, the sky was painted in shades of pink and orange, and the sea turned into a field of sparkling reflections. It was a moment of pure beauty, and Andrea felt overwhelmed by a sense of peace and gratitude.

Night fell, and Andrea lit a small fire on the beach. As the fire crackled and the sky filled with stars, Andrea reflected on his life. He had always worked hard, but he often found himself questioning whether he had truly lived. He had sacrificed much for his work and family, but now, in this moment of solitude and beauty, he wondered if he had ever taken the time to appreciate the small joys of life.

The following day, Andrea explored the island. He discovered it was covered in lush vegetation and had a small fresh water spring.

He walked along the paths, observing the local flora and fauna, and felt a deep connection with the unspoiled place. It was as if the island was a reflection of his soul, a place where he could rediscover a part of himself that he had forgotten.

As he explored, Andrea met a solitary man who lived on the island. The man, named Pietro, was a retired fisherman who had chosen to withdraw from hectic life and live in isolation. Pietro was an elderly man with a white beard and deep eyes, and he welcomed Andrea's company warmly. The two sat around the fire and talked at length about their lives.

"I spent my life fishing, just like you," Pietro said. "But I found that the solitude and peace of the island gave me a different perspective."

Andrea listened intently. "What have you learned living here alone?"

Pietro looked at the fire and then at Andrea. "I've learned that true peace isn't given by work or material possessions, but by connecting with oneself and the natural world. Life is simple here, and in this simplicity, I've found a form of happiness I had never known before."

Pietro's words resonated with Andrea. It was a lesson he was also learning. The simplicity of life on the island, the tranquility and connection with nature were things he had never truly appreciated during his hectic life. The time spent with Pietro was enlightening, and Andrea began to reflect on the deeper meaning of his existence.

In the following days, Andrea spent time with Pietro, learning more about the island and understanding the beauty of simple living. They went fishing together, explored the vegetation, and shared stories of their lives. Andrea found in Pietro a wisdom and serenity he had never known before, and his presence helped him reflect on what was truly important.

One day, as they sat on the shore watching the sunset, Andrea spoke to Pietro about his dreams and fears. "I've spent my whole life working, but now that I stop and look back, I wonder if I have really lived."

Pietro listened carefully and then replied, "Life is made up of choices and moments. Every choice we make leads us to a different chapter of our story. It's never too late to change direction and find a new path."

Andrea pondered these words. He felt that the journey to the island had been a turning point in his life. He had found an inner peace and a connection with the world that he had never known before. He decided it was time to make different choices, to dedicate more time to what was truly important to him.

With a heart full of gratitude and a new awareness, Andrea bid farewell to Pietro and returned to his boat. The return journey was serene, and the sea seemed to greet Andrea with a gentleness he had never noticed before. As the boat sailed homeward, Andrea looked at the sea with new eyes, appreciating each wave and each reflection of light.

Upon returning to the village, Andrea felt renewed. Life was still the same, but he had changed. He had found a new perspective and a new serenity that allowed him to appreciate the small joys of daily life. Fishing was no longer just a job but a way to connect with the sea and with himself.

Every day, Andrea woke up with a renewed gratitude for the life he led. He had learned that happiness is not only found in grand events but also in the moments of simplicity and beauty that are part of daily life. The time spent on the island had been a precious gift, and Andrea carried it with him in every day he lived.

And so, Andrea continued to live with a grateful heart and a serene mind, knowing that the time of the sea had brought a new light into his life. Every day was an opportunity to discover and appreciate the beauty that surrounded him, and every sunset, every wave, and every moment of peace became a celebration of life itself.

Il Silenzio del Tevere

Roma, la città eterna, brillava sotto il sole di metà autunno. Le foglie dorate degli alberi lungo il Tevere si riflettevano nell'acqua, creando un'atmosfera di calma e serenità. Antonio camminava lentamente lungo il fiume, con le mani infilate nelle tasche del cappotto. Il freddo era lieve, appena sufficiente a far sentire l'autunno senza la severità dell'inverno imminente.

Antonio era un uomo di mezza età, nato e cresciuto a Roma. Aveva visto la città cambiare nel corso degli anni, ma alcune cose restavano immutate: i ciottoli delle strade, le cupole delle chiese che si stagliavano contro il cielo, e il costante mormorio del Tevere. Quella mattina, però, il fiume sembrava più silenzioso del solito, quasi a riflettere la tranquillità che Antonio sentiva dentro di sé.

Era un uomo semplice, un libraio che aveva passato la sua vita tra gli scaffali pieni di volumi polverosi, vendendo storie altrui mentre la sua si dipanava lentamente, senza troppi scossoni. La sua libreria, "Il Libro Perduto", era nascosta in un vicolo del centro storico, lontana dal trambusto dei turisti. I clienti erano perlopiù abituali, gente che cercava rifugio tra le pagine di un libro come Antonio lo trovava nella routine quotidiana.

Ma negli ultimi mesi qualcosa era cambiato. Il senso di pace che Antonio aveva sempre trovato nei libri e nelle passeggiate lungo il Tevere aveva iniziato a vacillare. Non c'era un motivo preciso, solo una sensazione, un'inquietudine sottile che sembrava crescere giorno dopo giorno. Forse era l'età, forse il peso delle scelte non fatte, delle opportunità mancate, o forse era solo la consapevolezza che il tempo stava scivolando via come l'acqua del fiume.

Quel giorno, Antonio decise di prendersi una pausa dalla libreria. Chiuse il negozio con un cartello che diceva "Chiuso per inventario" e si diresse verso il centro della città. Voleva camminare, lasciarsi guidare dalle strade senza una meta precisa, sperando che la città gli offrisse qualche risposta, come aveva fatto tante volte in passato.

Attraversò Ponte Sisto, con il rumore dei suoi passi che si mescolava a quello della città. La piazza Campo de' Fiori era vivace come sempre, ma Antonio non si fermò. Continuò a camminare, attraversando vicoli stretti e piazze nascoste, fino a trovarsi davanti al Pantheon. Si fermò un momento, guardando l'antica struttura che sembrava osservare impassibile il passare del tempo.

Entrò nel Pantheon, cercando rifugio nel silenzio. Le voci dei turisti rimbombavano nell'aria, ma Antonio riuscì a isolarsi, fissando la grande cupola sopra di lui. La luce che filtrava dall'oculo centrale creava un'atmosfera surreale, come se il tempo stesso fosse sospeso. Antonio chiuse gli occhi e si lasciò avvolgere dalla maestosità del luogo, cercando di trovare pace nel suo cuore inquieto.

Dopo qualche minuto, riaprì gli occhi e si accorse di un uomo seduto su una panca vicino all'altare. Era un uomo anziano, con capelli grigi e una barba curata. Aveva un aspetto distinto, e teneva un libro aperto sulle ginocchia. Antonio lo osservò per un attimo, incuriosito. L'uomo alzò lo sguardo e, notando l'interesse di Antonio, gli fece un cenno con la testa, invitandolo a sedersi accanto a lui.

Antonio accettò l'invito e si sedette. Ci fu un momento di silenzio, poi l'uomo parlò. "Vieni qui spesso?" chiese con voce calma.

"Sì," rispose Antonio. "È uno dei pochi posti in città dove mi sento davvero in pace."

L'uomo annuì. "Anche per me è così. C'è qualcosa in questo luogo che ti fa sentire parte di qualcosa di più grande."

Antonio guardò l'uomo e poi il libro sulle sue ginocchia. "Cosa stai leggendo?" chiese.

L'uomo sollevò il libro, mostrando la copertina. Era un vecchio volume, con la copertina in pelle e i bordi delle pagine ingialliti. "È un diario," disse l'uomo. "Il diario di un uomo che ha vissuto a Roma molti anni fa. Ho trovato questo libro in una piccola libreria, non lontano da qui."

Antonio sentì un brivido corrergli lungo la schiena. "Che coincidenza," disse con un sorriso. "Io gestisco una libreria proprio qui vicino."

L'uomo sorrise a sua volta. "Forse non è una coincidenza," disse. "Forse è il destino che ci ha portati qui, oggi."

Antonio rifletté su quelle parole. "Credi nel destino?" chiese.

L'uomo fece una pausa, guardando di nuovo verso l'oculo. "Credo che la vita sia fatta di momenti, e che alcuni di questi momenti abbiano un significato più profondo di quanto possiamo comprendere. Il destino, se esiste, è nascosto in quei momenti."

Antonio non rispose subito. Le parole dell'uomo lo colpirono profondamente. Si rese conto che era proprio quello il motivo per cui si sentiva inquieto negli ultimi tempi. Sentiva che la sua vita era fatta di momenti che, in qualche modo, non aveva compreso appieno.

"Posso chiederti di cosa parla il diario?" chiese infine.

L'uomo sorrise, chiudendo il libro. "È la storia di un uomo che ha passato la sua vita cercando risposte. Ha viaggiato, ha incontrato persone, ha vissuto avventure, ma alla fine è tornato a Roma, la sua casa, senza mai trovare ciò che cercava. Alla fine, ha capito che le risposte che cercava erano sempre state dentro di lui, ma che aveva bisogno di tutto quel viaggio per capirlo."

Antonio rimase in silenzio, riflettendo sulle parole dell'uomo. Era come se quelle parole risuonassero dentro di lui, toccando corde profonde del suo essere.

"Dove hai trovato questo libro?" chiese Antonio, con una curiosità improvvisa.

"Come ho detto, in una piccola libreria," rispose l'uomo, con un sorriso enigmatico. "Forse dovresti cercare nei tuoi scaffali. Potresti trovarci più di quanto ti aspetti."

Antonio annuì lentamente, sentendo un'inspiegabile connessione con quell'uomo e il suo libro. Rimasero seduti in silenzio per qualche altro minuto, poi l'uomo si alzò, salutò Antonio con un cenno e si allontanò, lasciandolo solo con i suoi pensieri.

Antonio rimase nel Pantheon ancora per un po', poi decise di tornare alla sua libreria. Sentiva una strana urgenza di rivedere i suoi libri, di cercare qualcosa tra le pagine impolverate. Quando arrivò alla libreria, aprì la porta e si fermò a osservare gli scaffali pieni di volumi di ogni genere. Per la prima volta dopo tanto tempo, si sentì spinto a esplorare il suo stesso negozio come se fosse un cliente, alla ricerca di qualcosa che non sapeva di volere.

Passò ore a sfogliare libri che non aveva mai aperto, a leggere pagine a caso, cercando chissà cosa. Alla fine, trovò un vecchio diario, nascosto dietro una fila di romanzi. Era un volume anonimo, senza titolo né autore. Antonio lo aprì con cautela, trovando pagine ingiallite e piene di scrittura minuta.

Le parole raccontavano la storia di un uomo, molto simile a quella che l'uomo nel Pantheon aveva descritto. Era come se il libro fosse stato lì ad aspettarlo, nascosto in vista per anni, fino a quel momento.

Antonio passò la notte leggendo il diario. Ogni pagina lo avvicinava sempre di più alla comprensione di se stesso, come se le parole dell'altro uomo fossero una chiave per aprire porte che erano rimaste chiuse troppo a lungo.

Alla fine, chiuse il libro e si sedette in silenzio. La sensazione di inquietudine che lo aveva tormentato per mesi sembrava svanita, sostituita da una strana serenità. Aveva trovato le risposte che cercava, non nelle parole del diario, ma nel viaggio interiore che quelle parole avevano scatenato.

Il giorno successivo, Antonio tornò al Pantheon, sperando di incontrare di nuovo l'uomo, ma il luogo era affollato di turisti e l'uomo non c'era. Rimase un momento ad ascoltare il mormorio delle voci e a osservare la luce filtrare dall'oculo, poi si incamminò di nuovo lungo le strade di Roma.

Non aveva bisogno di cercare altro. Aveva trovato quello che cercava, e ora sapeva che la pace che tanto desiderava non veniva dalle risposte ma dalla capacità di vivere i momenti, di accettare il mistero della vita e di apprezzare il silenzio che avvolge ogni cosa.

Roma, con il suo ritmo eterno, continuava a vivere attorno a lui, ma Antonio camminava con una nuova leggerezza, sentendo finalmente di appartenere a quella città, di far parte del suo incessante fluire, come l'acqua del Tevere.

The Silence of the Tiber

Rome, the eternal city, gleamed under the mid-autumn sun. The golden leaves of the trees along the Tiber reflected in the water, creating an atmosphere of calm and serenity. Antonio walked slowly along the river, his hands tucked into the pockets of his coat. The cold was mild, just enough to feel the autumn without the severity of the approaching winter.

Antonio was a middle-aged man, born and raised in Rome. He had seen the city change over the years, but some things remained unchanged: the cobblestones of the streets, the domes of the churches standing against the sky, and the constant murmur of the Tiber. However, that morning, the river seemed quieter than usual, almost reflecting the tranquility Antonio felt within himself.

He was a simple man, a bookseller who had spent his life among dusty shelves, selling others' stories while his own unfolded slowly, without too many jolts. His bookstore, "The Lost Book," was hidden in a narrow alley in the historic center, away from the hustle and bustle of tourists. The customers were mostly regulars, people seeking refuge in the pages of a book, as Antonio found refuge in his daily routine.

But in recent months, something had changed. The sense of peace that Antonio had always found in books and walks along the Tiber had begun to waver. There wasn't a precise reason, just a feeling, a subtle restlessness that seemed to grow day by day.

Perhaps it was age, perhaps the weight of choices not made, of missed opportunities, or perhaps it was just the awareness that time was slipping away like the water of the river.

That day, Antonio decided to take a break from the bookstore. He closed the shop with a sign that read "Closed for inventory" and headed towards the city center. He wanted to walk, to let the streets guide him without a precise destination, hoping that the city would offer him some answers, as it had done so many times before.

He crossed Ponte Sisto, the sound of his footsteps blending with that of the city. Campo de' Fiori square was lively as always, but Antonio did not stop. He continued walking, crossing narrow alleys and hidden squares until he found himself in front of the Pantheon. He paused for a moment, looking at the ancient structure that seemed to watch impassively as time passed.

He entered the Pantheon, seeking refuge in the silence. The tourists' voices echoed in the air, but Antonio managed to isolate himself, staring at the great dome above him. The light filtering through the central oculus created a surreal atmosphere, as if time itself were suspended. Antonio closed his eyes and let himself be enveloped by the majesty of the place, trying to find peace in his restless heart.

After a few minutes, he reopened his eyes and noticed a man sitting on a bench near the altar. He was an elderly man, with gray hair and a well-kept beard. He had a distinguished appearance, and he held an open book on his lap. Antonio observed him for a moment, curious. The man looked up and, noticing Antonio's interest, nodded, inviting him to sit next to him.

Antonio accepted the invitation and sat down. There was a moment of silence, then the man spoke. "Do you come here often?" he asked calmly.

"Yes," Antonio replied. "It's one of the few places in the city where I truly feel at peace."

The man nodded. "It's the same for me. There's something about this place that makes you feel part of something larger."

Antonio looked at the man and then at the book on his lap. "What are you reading?" he asked.

The man lifted the book, showing the cover. It was an old volume, with a leather cover and yellowed page edges. "It's a diary," the man said. "The diary of a man who lived in Rome many years ago. I found this book in a small bookstore, not far from here."

Antonio felt a shiver run down his spine. "What a coincidence," he said with a smile. "I run a bookstore nearby."

The man smiled in return. "Perhaps it's not a coincidence," he said. "Perhaps it's destiny that brought us here today."

Antonio reflected on those words. "Do you believe in destiny?" he asked.

The man paused, looking up at the oculus again. "I believe that life is made up of moments, and that some of these moments have a deeper meaning than we can comprehend. Destiny, if it exists, is hidden in those moments."

Antonio did not respond immediately. The man's words struck him deeply. He realized that this was precisely why he had felt restless in recent months. He felt that his life was made up of moments that, in some way, he had not fully understood.

"May I ask what the diary is about?" he finally asked.

The man smiled, closing the book. "It's the story of a man who spent his life searching for answers. He traveled, met people, lived adventures, but in the end, he returned to Rome, his home, without ever finding what he was looking for. In the end, he realized that the answers he sought had always been within him, but he needed all that journey to understand it."

Antonio remained silent, reflecting on the man's words. It was as if those words resonated within him, touching deep chords of his being.

"Where did you find this book?" Antonio asked, with sudden curiosity.

"As I said, in a small bookstore," the man replied with an enigmatic smile. "Perhaps you should search your shelves. You might find more than you expect."

Antonio nodded slowly, feeling an inexplicable connection with that man and his book. They sat in silence for a few more minutes, then the man stood up, bade Antonio farewell with a nod, and walked away, leaving him alone with his thoughts.

Antonio stayed in the Pantheon a little longer, then decided to return to his bookstore. He felt a strange urgency to revisit his books, to search for something among the dusty pages. When he arrived at the bookstore, he opened the door and stopped to observe the shelves filled with volumes of all kinds. For the first time in a long while, he felt compelled to explore his own shop as if he were a customer, looking for something he didn't know he wanted.

He spent hours leafing through books he had never opened, reading random pages, searching for who knows what. Finally, he found an old diary, hidden behind a row of novels. It was an anonymous volume, without a title or author. Antonio opened it cautiously, finding yellowed pages filled with tiny writing.

The words told the story of a man, very similar to the one the man in the Pantheon had described. It was as if the book had been there waiting for him, hidden in plain sight for years, until that moment.

Antonio spent the night reading the diary. Every page brought him closer to understanding himself, as if the other man's words were a key to unlocking doors that had remained closed for too long.

Finally, he closed the book and sat in silence. The feeling of restlessness that had tormented him for months seemed to have vanished, replaced by a strange serenity. He had found the answers he was looking for, not in the diary's words, but in the inner journey those words had sparked.

The next day, Antonio returned to the Pantheon, hoping to meet the man again, but the place was crowded with tourists, and the man was nowhere to be found. He stayed for a moment, listening to the murmur of voices and watching the light filter through the oculus, then he walked once more through the streets of Rome.

He no longer needed to search for anything else. He had found what he was looking for, and now he knew that the peace he so desired did not come from answers but from the ability to live the moments, to accept the mystery of life, and to appreciate the silence that surrounds everything.

Rome, with its eternal rhythm, continued to live around him, but Antonio walked with a new lightness, finally feeling that he belonged to this city, that he was part of its incessant flow, like the water of the Tiber.

L'Ombra di Venezia

Il sole stava tramontando su Venezia, tingendo i canali di riflessi dorati. La città, con le sue calli intricate e i ponti eleganti, sembrava sospesa tra sogno e realtà. Cecilia camminava lentamente lungo la Riva degli Schiavoni, osservando le gondole che ondeggiavano dolcemente sull'acqua. Era una sera d'autunno, e l'aria fresca portava con sé il profumo salmastro del mare e il leggero odore di legno bagnato.

Cecilia era tornata a Venezia dopo dieci anni di assenza. Era cresciuta lì, tra le ombre dei palazzi antichi e il suono dell'acqua che lambiva le fondamenta delle case. Ma da giovane, aveva desiderato fuggire. Venezia, con la sua bellezza decadente e il suo ritmo lento, le era sembrata una gabbia. Voleva vedere il mondo, vivere avventure, e così aveva lasciato tutto dietro di sé, senza guardarsi indietro.

Aveva viaggiato, vissuto in città rumorose e affollate, conosciuto persone di ogni tipo. Aveva sperimentato l'amore e la solitudine, il successo e la sconfitta. Ma ora, dopo tutto quel tempo, sentiva il bisogno di tornare. C'era qualcosa che la richiamava a Venezia, una voce silenziosa che sussurrava nel profondo della sua anima.

Si fermò di fronte a un piccolo caffè, "Il Leone d'Oro", un locale che ricordava vagamente dalla sua giovinezza. Era cambiato poco, tranne che per qualche dettaglio moderno. Entrò, cercando il calore del caffè e un momento di tregua dai pensieri che la tormentavano.

Il cameriere, un uomo anziano con i capelli bianchi e un'aria serena, le fece un cenno di riconoscimento. "Buonasera, signorina. Un caffè?"

Cecilia annuì, sorridendo appena. Si sedette a un tavolino vicino alla finestra, osservando i passanti fuori. Le luci dei lampioni cominciavano a riflettersi nei canali, e la città assumeva quell'atmosfera magica che l'aveva sempre affascinata.

Mentre aspettava il suo caffè, i suoi pensieri tornarono inevitabilmente al motivo del suo ritorno. Non era solo nostalgia o un semplice desiderio di rivedere la sua città natale. C'era qualcos'altro, qualcosa di più profondo e oscuro. Dieci anni prima, quando era partita, aveva lasciato dietro di sé non solo la città, ma anche un amore. Un amore che aveva scelto di abbandonare, credendo che la libertà e l'avventura fossero più importanti. Ma ora, la consapevolezza di quel sacrificio la tormentava.

Andrea era il suo nome. Un artista, un pittore che viveva per la bellezza e la passione. Si erano conosciuti in un piccolo atelier vicino a San Polo, dove lui dipingeva e lei, allora giovane studentessa d'arte, cercava di apprendere i segreti della pittura. Si erano innamorati rapidamente, come due anime che si riconoscono al primo sguardo. Ma Cecilia, spinta dall'ambizione e dalla voglia di scoprire il mondo, aveva scelto di partire, lasciando Andrea e la loro storia incompiuta.

Il cameriere le portò il caffè, interrompendo i suoi pensieri. Cecilia lo ringraziò e prese la tazzina tra le mani, sentendo il calore attraverso la porcellana. Mentre sorseggiava lentamente, continuava a guardare fuori dalla finestra, immersa nei ricordi.

Venezia era cambiata in quei dieci anni, eppure era rimasta la stessa. Le calli strette, i ponti, i canali, tutto sembrava immutato, come se il tempo si fosse fermato in quel luogo. Ma lei era cambiata. Le esperienze, le gioie e i dolori l'avevano trasformata, e ora si sentiva come un'estranea nella città che un tempo chiamava casa.

Decise di finire il caffè e uscire. La notte stava calando su Venezia, e le strade si facevano più tranquille. Camminò senza una meta precisa, lasciandosi guidare dai suoi passi attraverso i labirinti di calli e campi. Ogni angolo della città le riportava alla mente un ricordo: una risata, un bacio, un momento di felicità fugace. Ma c'era anche l'ombra di ciò che aveva perso, di ciò che aveva lasciato dietro di sé.

Arrivò infine a San Polo, il quartiere dove aveva trascorso gran parte della sua giovinezza. L'atelier di Andrea era ancora lì, in un vicolo nascosto, quasi invisibile ai turisti. Il portone era chiuso, ma attraverso una finestra poteva vedere la luce accesa all'interno. Qualcuno era lì. Forse Andrea.

Cecilia si fermò davanti alla porta, incerta. Aveva desiderato tanto questo momento, e ora che era arrivato, non sapeva cosa fare. Aveva paura. Paura di ciò che avrebbe trovato dietro quella porta, paura di affrontare il passato che aveva cercato di dimenticare. Ma sapeva che non poteva più fuggire. Doveva affrontare le sue scelte, anche se significava rivivere il dolore che aveva cercato di seppellire.

Con un respiro profondo, bussò alla porta. Per un attimo, ci fu solo silenzio. Poi sentì dei passi leggeri dall'interno. La porta si aprì lentamente, rivelando una figura familiare. Andrea era lì, in piedi di fronte a lei, con lo stesso sguardo intenso che ricordava.

"Tu..." fu tutto ciò che riuscì a dire. La voce di Andrea era bassa, carica di emozione.

Cecilia non sapeva cosa rispondere. Sentiva il cuore battere forte nel petto, come se il tempo non fosse passato. Le parole si accumulavano nella sua mente, ma nessuna sembrava adeguata.

Finalmente, Andrea parlò di nuovo. "Pensavo che non ti avrei mai più rivista."

"Anch'io," rispose Cecilia, con un filo di voce. "Ma sono tornata."

Andrea la guardò a lungo, come per assicurarsi che fosse davvero lì. Poi fece un passo indietro, aprendo la porta per farla entrare. Cecilia varcò la soglia, sentendo il calore dell'atelier avvolgerla come un abbraccio.

L'interno era esattamente come lo ricordava: i cavalletti con le tele dipinte, i barattoli di colori, il profumo di olio e vernice che permeava l'aria. Era come se il tempo si fosse fermato in quel luogo, come se nulla fosse cambiato da quando era partita.

"Vieni, siediti," disse Andrea, indicando una vecchia sedia di legno vicino alla finestra. Cecilia obbedì, sedendosi mentre lui si avvicinava al cavalletto su cui stava lavorando. Era una tela incompleta, ma i colori vibranti e le forme fluide mostravano l'abilità di un maestro.

"Non hai smesso di dipingere," osservò Cecilia, cercando di rompere il silenzio.

"No, non ho mai smesso," rispose Andrea, senza distogliere lo sguardo dalla tela. "La pittura è tutto ciò che ho."

Quelle parole pesarono su Cecilia come un macigno. Lei aveva scelto di andarsene, di inseguire i suoi sogni altrove, mentre Andrea era rimasto, fedele alla sua arte e alla sua città. Sentiva il peso della sua decisione, il dolore che aveva causato.

"Mi dispiace," disse finalmente, con la voce rotta dall'emozione. "Mi dispiace di averti lasciato, di essere andata via."

Andrea si girò a guardarla, e nei suoi occhi c'era una tristezza profonda. "Non posso dire che non mi abbia ferito," disse lentamente. "Ma capisco. Hai fatto quello che dovevi fare. Ognuno di noi segue il proprio cammino."

Cecilia abbassò lo sguardo, sentendo le lacrime bruciarle gli occhi. "Non sapevo cosa stavo lasciando," mormorò. "Pensavo che il mondo mi avrebbe dato tutto ciò che desideravo, ma ho capito solo dopo che avevo già tutto qui, con te."

Andrea non rispose subito. Si avvicinò alla finestra e guardò fuori, verso la città che si stendeva nel silenzio della notte. "Venezia è una città di ombre," disse infine. "E noi siamo parte di queste ombre, che si muovono tra la luce e l'oscurità. Non possiamo cambiare il passato, ma possiamo scegliere come vivere il presente."

Cecilia lo guardò, cercando di cogliere il significato di quelle parole. Sentiva che Andrea parlava non solo di loro, ma anche di sé stesso, della sua arte, della sua vita. E capì che lui aveva trovato una sorta di pace, una comprensione che lei non aveva ancora raggiunto.

"Posso restare?" chiese, quasi con timore.

Andrea la guardò di nuovo, e nei suoi occhi non c'era più la tristezza di prima, ma una dolcezza mista a una rassegnata accettazione. "Puoi restare," disse semplicemente. "Ma devi essere sicura. Venezia non è per chi ha dubbi."

Cecilia annuì lentamente. Sapeva che lui aveva ragione. Tornare significava affrontare non solo il passato, ma anche il futuro, con tutte le sue incertezze. Ma per la prima volta in tanto tempo, si sentiva pronta a farlo.

Passarono la notte insieme, parlando di tutto e di niente, come due vecchi amici che si ritrovano dopo una lunga separazione. Non c'erano promesse, né aspettative, solo la volontà di vivere quel momento, di lasciarsi guidare dal flusso della vita come l'acqua che scorre nei canali di Venezia.

Al mattino, quando la luce del giorno cominciò a filtrare attraverso le finestre, Cecilia si sentì stranamente leggera. Aveva trovato una sorta di riconciliazione, non solo con Andrea, ma con sé stessa. Aveva capito che non poteva cambiare il passato, ma poteva scegliere come vivere il presente, come aveva detto Andrea.

Si alzò dalla sedia e si avvicinò alla finestra, guardando la città che si svegliava lentamente. Sentiva il rumore delle barche, il vociare dei primi passanti, e il suono rassicurante dell'acqua che lambiva le fondamenta delle case. Venezia, con la sua bellezza e le sue ombre, l'aveva accolta di nuovo.

Andrea si avvicinò a lei, e per un momento rimasero in silenzio, godendosi la vista insieme. Poi lui le prese la mano, stringendola dolcemente. "Cosa farai adesso?" le chiese.

Cecilia sorrise, sentendo per la prima volta in tanto tempo una strana serenità dentro di sé. "Non lo so," rispose sinceramente. "Ma credo che resterò. Ho ancora tanto da scoprire, qui."

Andrea annuì, come se avesse già previsto quella risposta. "Bene," disse. "Allora cominciamo da qui. C'è sempre una nuova tela da riempire, un nuovo quadro da dipingere."

Cecilia lo guardò, riconoscendo nelle sue parole una verità profonda. La vita era come una tela bianca, pronta per essere riempita di colori, emozioni e momenti. E lei era pronta a riprendere il pennello, a dipingere il suo futuro in quella città che, nonostante tutto, era sempre stata la sua vera casa.

The Shadow of Venice

The sun was setting over Venice, casting golden reflections on the canals. The city, with its intricate alleys and elegant bridges, seemed suspended between dream and reality. Cecilia walked slowly along the Riva degli Schiavoni, watching the gondolas gently swaying on the water. It was an autumn evening, and the cool air carried with it the salty scent of the sea and the faint odor of damp wood.

Cecilia had returned to Venice after ten years of absence. She had grown up there, among the shadows of ancient palaces and the sound of water lapping against the foundations of houses. But as a young woman, she had longed to escape. Venice, with its decadent beauty and slow pace, had felt like a cage. She wanted to see the world, live adventures, and so she had left everything behind without looking back.

She had traveled, lived in noisy, crowded cities, met all kinds of people. She had experienced love and loneliness, success and failure. But now, after all that time, she felt the need to return. There was something calling her back to Venice, a silent voice that whispered deep within her soul.

She stopped in front of a small café, "Il Leone d'Oro," a place she vaguely remembered from her youth. It had changed little, except for a few modern details. She entered, seeking the warmth of the café and a moment's respite from the thoughts that tormented her.

The waiter, an elderly man with white hair and a serene demeanor, nodded in recognition. "Good evening, miss. A coffee?"

Cecilia nodded, barely smiling. She sat at a table near the window, watching the passersby outside. The lights of the streetlamps were beginning to reflect in the canals, and the city took on that magical atmosphere that had always fascinated her.

As she waited for her coffee, her thoughts inevitably returned to the reason for her return. It wasn't just nostalgia or a simple desire to see her hometown again. There was something else, something deeper and darker. Ten years earlier, when she had left, she had left behind not just the city, but also a love. A love she had chosen to abandon, believing that freedom and adventure were more important. But now, the realization of that sacrifice tormented her.

Andrea was his name. An artist, a painter who lived for beauty and passion. They had met in a small studio near San Polo, where he painted and she, then a young art student, sought to learn the secrets of painting. They had fallen in love quickly, like two souls who recognize each other at first sight. But Cecilia, driven by ambition and the desire to discover the world, had chosen to leave, leaving Andrea and their story unfinished.

The waiter brought her the coffee, interrupting her thoughts. Cecilia thanked him and took the cup in her hands, feeling the warmth through the porcelain. As she sipped slowly, she continued to watch out the window, lost in memories.

Venice had changed in those ten years, yet it remained the same. The narrow alleys, the bridges, the canals, everything seemed unchanged, as if time had stood still in that place. But she had changed. The experiences, the joys, and the sorrows had transformed her, and now she felt like a stranger in the city she once called home.

She decided to finish her coffee and leave. Night was falling over Venice, and the streets were becoming quieter. She walked without a precise destination, letting her steps guide her through the labyrinth of alleys and squares. Every corner of the city brought back a memory: a laugh, a kiss, a moment of fleeting happiness. But there was also the shadow of what she had lost, of what she had left behind.

She finally arrived in San Polo, the neighborhood where she had spent much of her youth. Andrea's studio was still there, in a hidden alley, almost invisible to tourists. The door was closed, but through a window, she could see a light on inside. Someone was there. Perhaps Andrea.

Cecilia stopped in front of the door, uncertain. She had longed for this moment, and now that it had arrived, she didn't know what to do. She was afraid. Afraid of what she would find behind that door, afraid of facing the past she had tried to forget. But she knew she could no longer run away. She had to face her choices, even if it meant reliving the pain she had tried to bury.

Taking a deep breath, she knocked on the door. For a moment, there was only silence. Then she heard light footsteps from inside. The door opened slowly, revealing a familiar figure.

Andrea stood there, standing in front of her, with the same intense gaze she remembered.

"You..." was all he managed to say. Andrea's voice was low, filled with emotion.

Cecilia didn't know what to say. She felt her heart pounding in her chest as if time had not passed. Words piled up in her mind, but none seemed adequate.

Finally, Andrea spoke again. "I thought I would never see you again."

"So did I," Cecilia replied, her voice barely audible. "But I came back."

Andrea looked at her for a long time, as if to make sure she was really there. Then he stepped back, opening the door to let her in. Cecilia crossed the threshold, feeling the warmth of the studio envelop her like an embrace.

The interior was exactly as she remembered: easels with painted canvases, jars of colors, the scent of oil and varnish permeating the air. It was as if time had stood still in that place, as if nothing had changed since she left.

"Come, sit down," Andrea said, indicating an old wooden chair near the window. Cecilia obeyed, sitting as he approached the easel he was working on. It was an incomplete canvas, but the vibrant colors and fluid forms showed the skill of a master.

"You never stopped painting," Cecilia observed, trying to break the silence.

"No, I never stopped," Andrea replied without taking his eyes off the canvas. "Painting is all I have."

Those words weighed heavily on Cecilia like a stone. She had chosen to leave, to pursue her dreams elsewhere, while Andrea had stayed, faithful to his art and his city. She felt the weight of her decision, the pain she had caused.

"I'm sorry," she finally said, her voice breaking with emotion. "I'm sorry I left you, for leaving."

Andrea turned to look at her, and in his eyes was a deep sadness. "I can't say it didn't hurt me," he said slowly. "But I understand. You did what you had to do. We each follow our own path."

Cecilia lowered her gaze, feeling the tears burn her eyes. "I didn't know what I was leaving behind," she murmured. "I thought the world would give me everything I wanted, but I only realized later that I already had everything here, with you."

Andrea did not respond immediately. He walked over to the window and looked out at the city, stretching out in the silence of the night. "Venice is a city of shadows," he said finally. "And we are part of those shadows, moving between light and darkness. We can't change the past, but we can choose how to live the present."

Cecilia looked at him, trying to grasp the meaning of those words. She felt that Andrea was speaking not only about them but also about himself, his art, his life. And she understood that he had found a kind of peace, an understanding she had not yet reached.

"Can I stay?" she asked, almost timidly.

Andrea looked at her again, and in his eyes, there was no longer the sadness of before, but a tenderness mixed with resigned acceptance. "You can stay," he said simply. "But you must be sure. Venice is not for those who have doubts."

Cecilia nodded slowly. She knew he was right. Returning meant facing not only the past but also the future, with all its uncertainties. But for the first time in a long time, she felt ready to do so.

They spent the night together, talking about everything and nothing, like two old friends reuniting after a long separation. There were no promises, no expectations, just the will to live that moment, to let themselves be guided by the flow of life like the water flowing through Venice's canals.

In the morning, as daylight began to filter through the windows, Cecilia felt strangely light. She had found a kind of reconciliation, not only with Andrea but also with herself. She had realized that she couldn't change the past, but she could choose how to live the present, as Andrea had said.

She got up from the chair and walked over to the window, looking out at the city slowly awakening. She heard the noise of boats, the chatter of the first passersby, and the reassuring sound of water lapping against the foundations of the houses. Venice, with its beauty and its shadows, had welcomed her back.

Andrea came up to her, and for a moment they stood in silence, enjoying the view together. Then he took her hand, squeezing it gently. "What will you do now?" he asked.

Cecilia smiled, feeling for the first time in a long while a strange serenity within herself. "I don't know," she replied honestly. "But I think I'll stay. I still have so much to discover here."

Andrea nodded as if he had already anticipated that answer. "Good," he said. "Then let's start from here. There's always a new canvas to fill, a new painting to create."

Cecilia looked at him, recognizing in his words a deep truth. Life was like a blank canvas, ready to be filled with colors, emotions, and moments. And she was ready to pick up the brush again, to paint her future in that city that, despite everything, had always been her true home.

www.ingramcontent.com/pod-product-compliance
Lightning Source LLC
Chambersburg PA
CBHW061638130726
47996CB00003B/1348